Impressum
Verlag: BABADADA GmbH, Nedderfeld 112 , 22529 Hamburg
Geschäftsführer / Verlagsleitung: Harald Hof
Druck: Books on Demand GmbH, In de Tarpen 42, 22848 Norderstedt

Imprint
Publisher: BABADADA GmbH, Nedderfeld 112 , 22529 Hamburg, Germany
Managing Director / Publishing direction: Harald Hof
Print: Books on Demand GmbH, In de Tarpen 42, 22848 Norderstedt

el colegio
sekolah

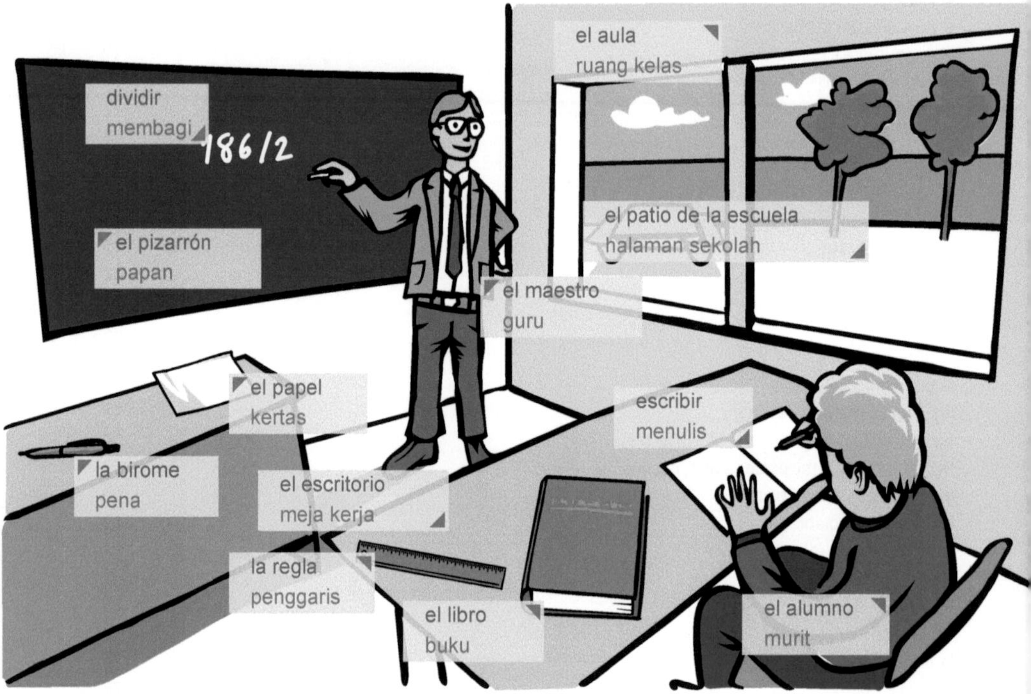
el aula
ruang kelas
dividir
membagi
186/2
el pizarrón
papan
el patio de la escuela
halaman sekolah
el maestro
guru
el papel
kertas
escribir
menulis
la birome
pena
el escritorio
meja kerja
la regla
penggaris
el libro
buku
el alumno
murit

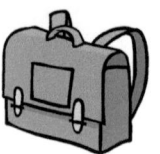

la mochila
tas sekolah

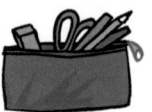

la caja de lápices
tempat pensil

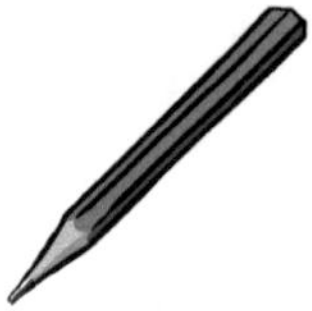

el lápiz
pensil

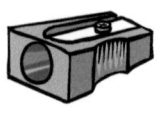

el sacapuntas
pengasah pensil

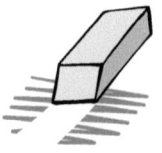

la goma (de borrar)
penghapus

el bloc de dibujo
kertas gambar

el dibujo
gambar

el pincel
kuas

la caja de pinturas
kotak cat

la tijera
gunting

el pegamento
lem

el cuaderno de ejercicios
buku latihan

la tarea
pekerjaan rumah

12

el número
angka

2+2

sumar
tambhakan

5-2

restar
mengurangi

2×2

multiplicar
mengalikan

calcular
menghitung

A

la letra
huruf

ABCDEFG HIJKLMN OPQRSTU VWXYZ

el abecedario
alfabet

la palabra
kata

el texto

teks

leer

membaca

la tiza

kapur

la lección

pelajaran

el cuaderno de clase

daftar

el examen

ujian

el certificado

sertifikat

el uniforme escolar

seragam sekolah

la educación

pendidikan

la enciclopedia

ensiklopedi

la universidad

universitas

el microscopio

mikroskop

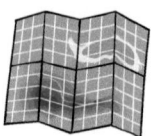

el mapa

peta

el tacho (de basura)

tempat sampah

el viaje
perjalanan

el hotel
hotel
Grand
el hostel
hostel
ROOMS
la casa de cambio
kantor pertukaran mata uang
EXCHANGE
la valija
koper
el auto
mobil

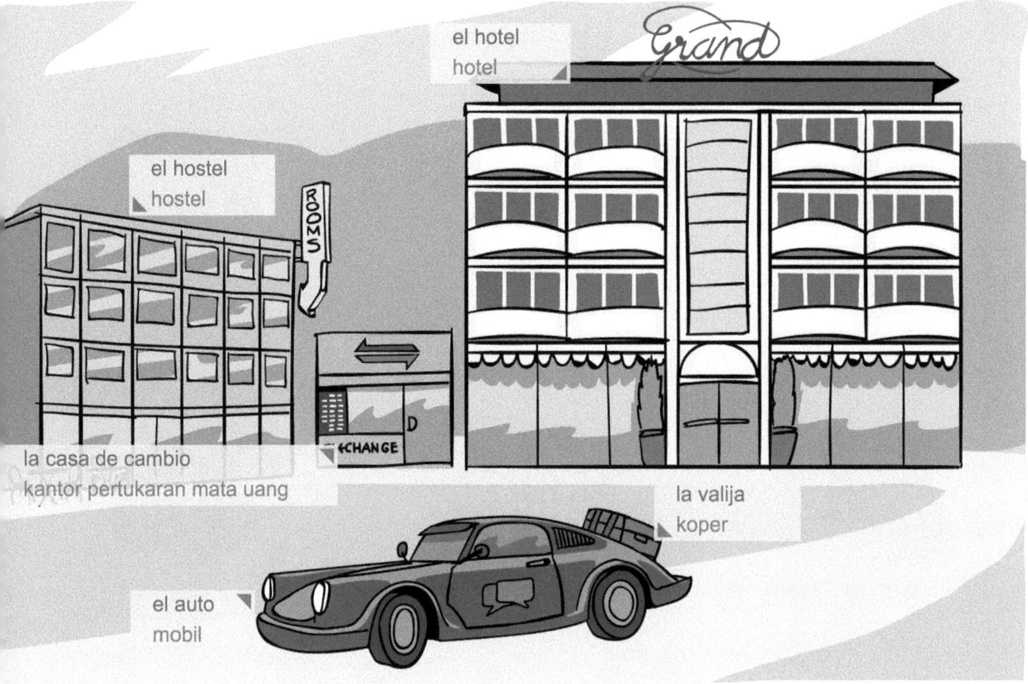

el idioma

bahasa

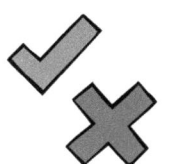

sí / no

ya / tidak

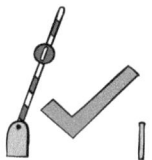

Está bien

okay

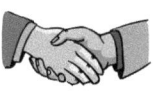

hola

hallo

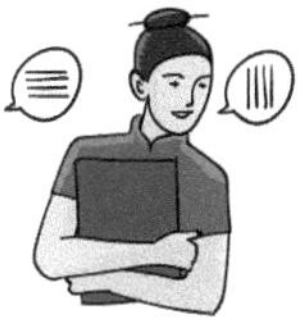

el traductor

penerjemah

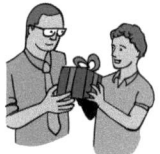

Gracias

terima kasih

¿cuánto cuesta…?

Berapa harganya…?

No entiendo

saya tidak mengerti

el problema

masalah

¡Buenas tardes!

Selamat malam!

¡Buenos días!

Selamat siang!

¡Buenas noches!

Selamat tidur!

el adiós

sampai jumpa

la dirección

arah

el equipaje

bagasi

el bolso

tas

la mochila

ransel

el invitado

tamu

la habitación

ruang

la bolsa de dormir

kantong tidur

la carpa

tenda

la información turística

informasi wisata

la playa

pantai

la tarjeta de crédito

kartu kredit

el desayuno

sarapan

el almuerzo

makan siang

la cena

makan malam

el pasaje

tiket

el ascensor

elevator

el sello

perangko

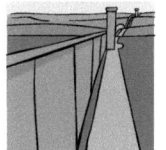

la frontera

perbatasan

la aduana

cukai

la embajada

kedutaan

la visa

visa

el pasaporte

paspor

el transporte
transportasi

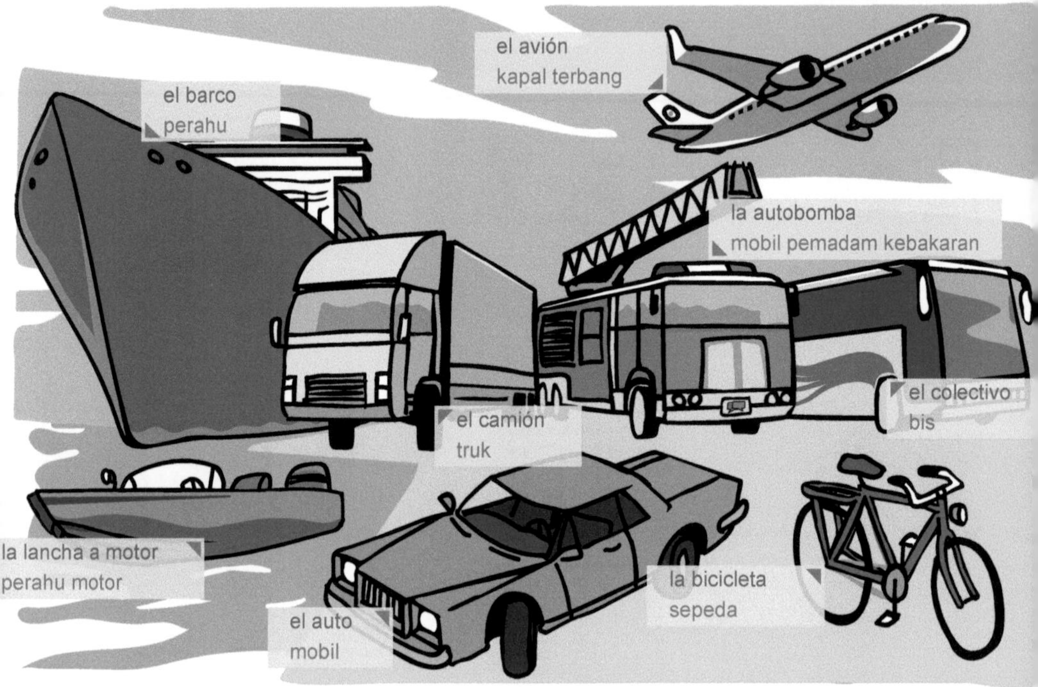

el avión
kapal terbang

el barco
perahu

la autobomba
mobil pemadam kebakaran

el colectivo
bis

el camión
truk

la lancha a motor
perahu motor

la bicicleta
sepeda

el auto
mobil

el ferry

feri

el bote

perahu

la moto

sepeda motor

el patrullero

mobil polisi

el auto de carreras

mobil balapan

el auto de alquiler

mobil sewa

el alquiler de autos

berbagi mobil

la grúa

truk derek

el camión de la basura

truk sampah

el motor

motor

la nafta

bahan bakar

la estación de servicio

bensin

la señal de tránsito

tanda lalulintas

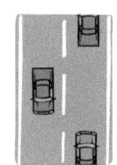

el tránsito

lalulintas

el embotellamiento

macet

el estacionamiento

parkir mobil

la estación de tren

stasiun kereta

las vías

trek

el tren

kereta api

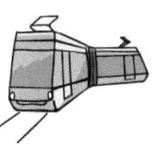

el tranvía

tram

el vagón

gerobak

el helicóptero

helikopter

el aeropuerto

bendara

la torre

menara

el pasajero

penumpang

el contenedor

container

la caja de cartón

karton

la carretilla

troli

la canasta

keranjang

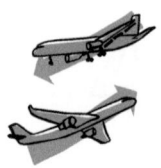

despegar / aterrizar

berangkat / mendarat

la ciudad

kota

el pueblo

desa

el centro de la ciudad

pusat kota

la casa

rumah

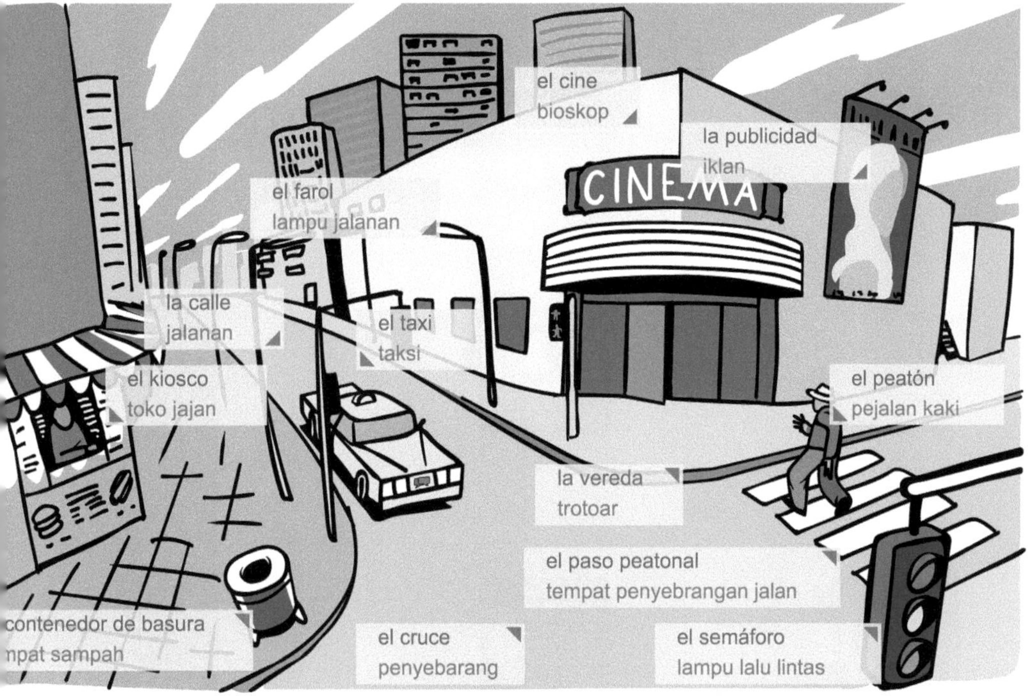

el cine
bioskop

la publicidad
iklan

el farol
lampu jalanan

CINEMA

la calle
jalanan

el taxi
taksi

el kiosco
toko jajan

el peatón
pejalan kaki

la vereda
trotoar

el paso peatonal
tempat penyebrangan jalan

contenedor de basura
npat sampah

el cruce
penyebarang

el semáforo
lampu lalu lintas

la cabaña
gubuk

el departamento
rumah flat

la estación de tren
stasiun kereta

la municipalidad
balai kota

el museo
museum

el colegio
sekolah

la universidad

universitas

el banco

bank

el hospital

rumah sakit

el hotel

hotel

la farmacia

farmasi

la oficina

kantor

la librería

toko buku

el negocio

toko

la florería

toko bunga

el supermercado

supermarket

el mercado

pasar

las grandes tiendas

toko serba ada

la pescadería

nelayan

el centro comercial

pusat belanja

el puerto

pelabuhan

el parque
taman

el banco
banku

el puente
jembatan

las escaleras
tangga

el subte
kereta bawah tanah

el túnel
terowongan

la parada del colectivo
pemberhantian bis

el bar
bar

el restaurante
restauran

el buzón
kotak surat

el letrero
tanda jalan

el parquímetro
meteran parkir

el zoológico
kebun binatang

la pileta
kolam renang

la mezquita
mesjid

la granja

pertanian

la contaminación

polusi

el cementerio

kuburan

la iglesia

gereja

los juegos infantiles

tempat bermain

el templo

pura

el paisaje

pemandangan

la hoja
daun

el poste indicador
penunjuk arah

el camino
jalanan

la pradera
padang rumput

la piedra
batu

el excursionista
pejalak kaki

el árbol
pohon

el río
sungai

la hierba
rumput

la flor
bunga

el valle
lembah

la montaña
bukit

el lago
danau

el bosque
hutan

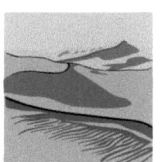

el desierto
padang gurun

el volcán
gunung berapi

el castillo
istana

el arco iris
pelangi

el champiñón
jamur

la palmera
pohon palem

el mosquito
nyamuk

la mosca
lalat

la hormiga
semut

la abeja
lebah

la araña
laba-laba

el escarabajo

kumbang

la rana

kodok

la ardilla

tupai

el erizo

landak

la liebre

kelinci

la lechuza

burung hantu

el pájaro

burung

el cisne

angsa

el jabalí

babi jantan

el ciervo

rusa

el alce

rusa

la presa

bendungan

el aerogenerador

turbin angin

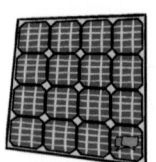

el panel solar

panel surya

el clima

iklim

el restaurante
restauran

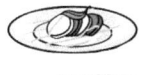

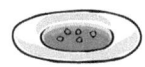

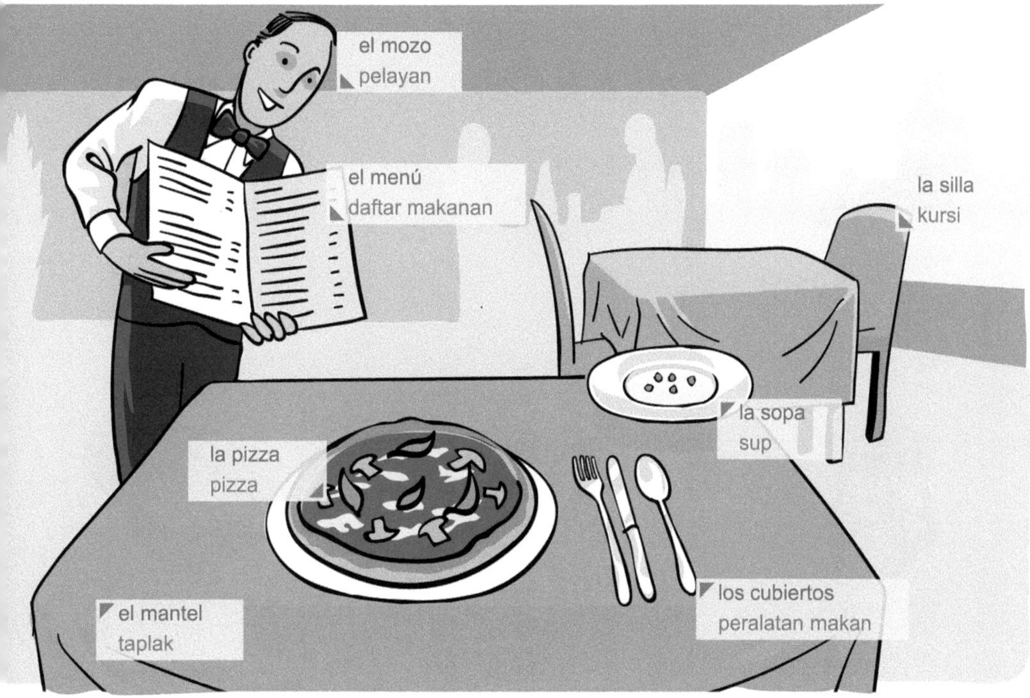
el mozo
pelayan
el menú
daftar makanan
la silla
kursi
la sopa
sup
la pizza
pizza
los cubiertos
peralatan makan
el mantel
taplak

la entrada

hindangan pembuka

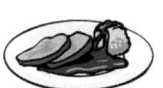

el plato principal

hidangan utama

el postre

hidangan penutup

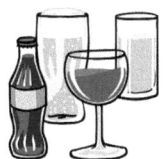

las bebidas

minuman

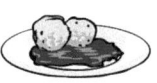

la comida

makanan

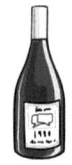

la botella

botol

la comida rápida

fastfood

la comida callejera

masakan jalanan

la tetera

teko teh

la azucarera

kaleng gula

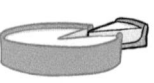

la porción

porsi

la cafetera expreso

mesin espresso

la sillita alta

kursi tinggi

la cuenta

tagihan

la bandeja

baki

el cuchillo

pisau

el tenedor

garpu

la cuchara

sendok

la cucharita

sendok teh

la servilleta

serbet

el vaso

gelas

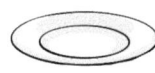

el plato

piring

el plato hondo

piring sup

el plato

lepek

la salsa

saus

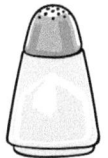

el salero

tempat garam

el molinillo de pimienta

gilingan merica

el vinagre

cuka

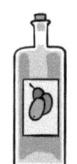

el aceite

minyak

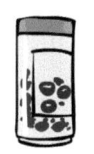

las especias

bumbu

el kétchup

saus tomat

la mostaza

mustar

la mayonesa

mayones

el supermercado

supermarket

la oferta especial
penawaran khusus
FOR
el cliente
klien
los lácteos
produk susu
la fruta
buah
el changuito
troli

BUTCHERS

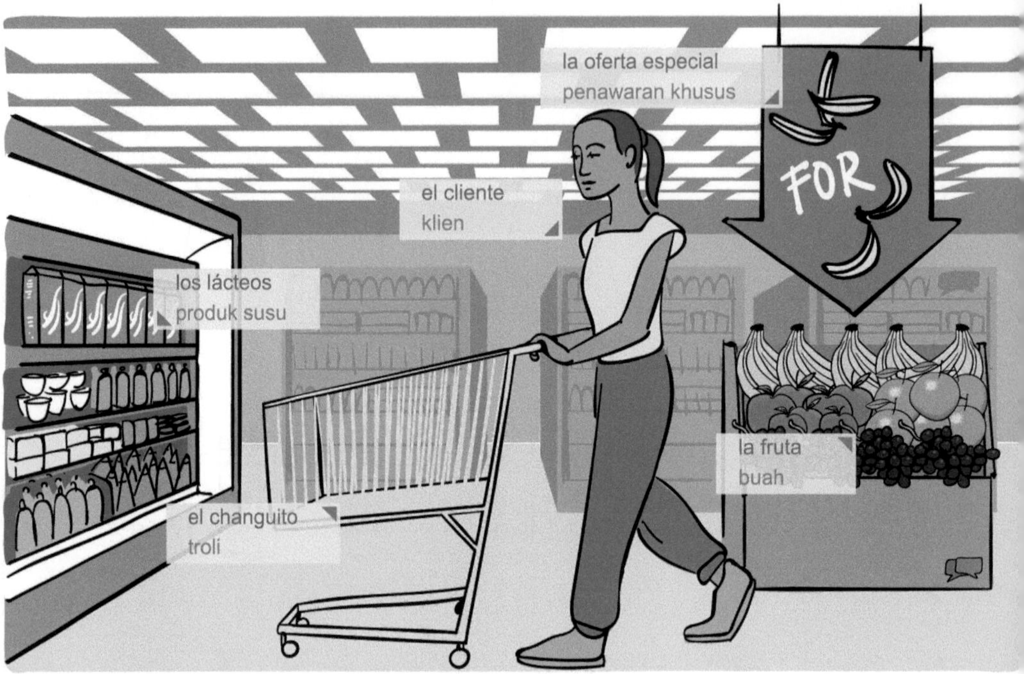

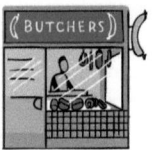

la carnicería

pembantai

BAKERY

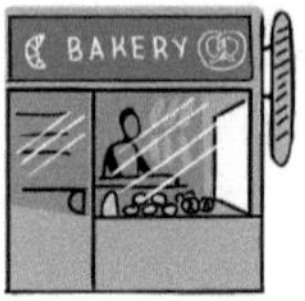

la panadería

toko roti

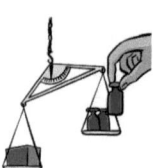

pesar

menimbang

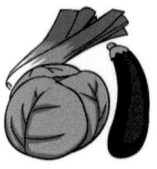

las verduras

sayur

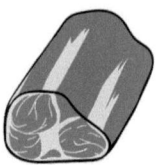

la carne

daging

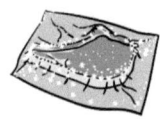

los alimentos congelados

makanan beku

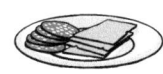

los fiambres
pemotongan dingin

los alimentos enlatados
makanan kaleng

el detergente en polvo
sabun serbuk

las golosinas
permen

los electrodomésticos
alat-alat rumah tangga

los productos de limpieza
obat pembersihan

la vendedora
penjual

la caja
kasa

el cajero
kasir

la lista de compras
daftar belanja

el horario de atención
jam buka

la billetera
dompet

la tarjeta de crédito
kartu kredit

la cartera
tas

la bolsa de plástico
kantong plastik

el agua

air

el jugo

jus

la leche

susu

la bebida cola

cola

el vino

anggur

la cerveza

bir

el alcohol

alkohol

el cacao

coklat

el té

teh

el café

kopi

el café expreso

espresso

el cappuccino

cappucino

la banana

pisang

la manzana

apel

la naranja

jeruk

el melón

semangka

el limón

jeruk lemon

la zanahoria

wortel

el ajo

bawang putih

el bambú

bambu

la cebolla

bawang bombai

el champiñón

jamur

las nueces

kacang

los fideos

mi

los tallarines

spagetti

el arroz

nasi

la ensalada

salat

las papas fritas

kentang goreng

las papas fritas

kentang goreng

la pizza

pizza

la hamburguesa

hamburger

el sándwich

sandwich

el churrasco

sayatan

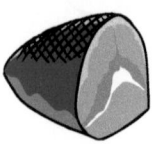

el jamón

ham

el salame

salami

la salchicha

sosis

el pollo

ayam

el asado

menggoreng

el pescado

ikan

los copos de avena

bubur gandum

el muesli

sereal

los copos de maíz

cornflakes

la harina

tepung

la medialuna

croissant

el pancito

roti

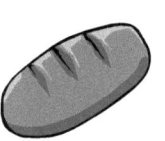

el pan

roti

la tostada

toast

las galletitas

biskuit

la manteca

mentega

la cuajada

dadih

la torta

kue

el huevo

telur

el huevo frito

telur goreng

el queso

keju

el helado

eskrim

el azúcar

gula

la miel

madu

la mermelada

selai

la pasta de chocolate

krim nugat

el curry

kare

la comida - makanan

la granja
pertanian

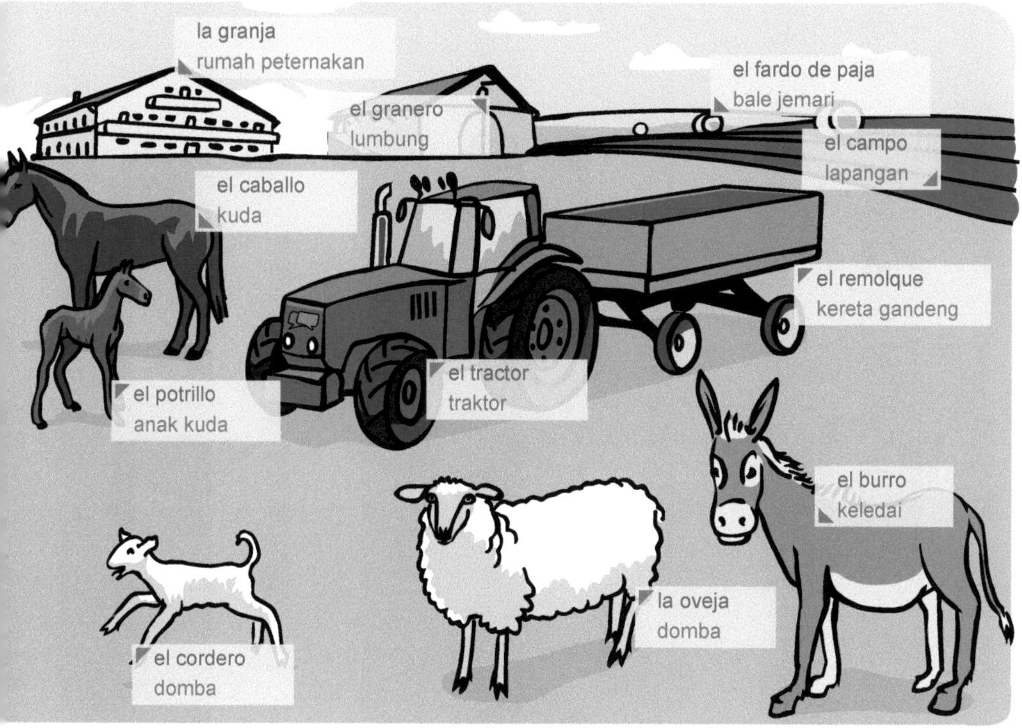

la granja
rumah peternakan
el granero
lumbung
el fardo de paja
bale jemari
el campo
lapangan
el caballo
kuda
el remolque
kereta gandeng
el tractor
traktor
el potrillo
anak kuda
el burro
keledai
la oveja
domba
el cordero
domba

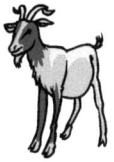

la cabra
kambing

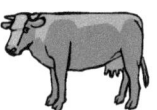

la vaca
sapi

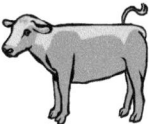

el ternero
betis

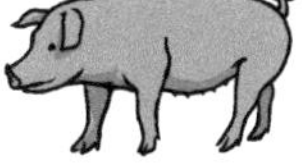

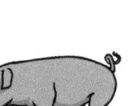

el cerdo
babi

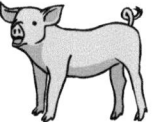

el lechón
celeng

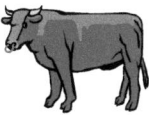

el toro
banteng

el ganso

angsa

el pato

bebek

el pollo

anak ayam

la gallina

ayam

el gallo

ayam jantan

la rata

tikus

el gato

kucing

el ratón

tikus

el buey

lembu

el perro

anjing

la cucha

rumah anjing

la manguera

selang

la regadera

penyiram

la guadaña

sabit

el arado

bajak

la hoz
········
sabit

la azada
········
cangkul

la horquilla
········
garpu rumput

el hacha
········
kapak

la carretilla
········
gerobak

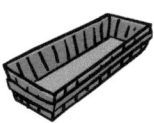

el abrevadero
········
palung

la lechera
········
kaleng susu

la bolsa
········
karung

la reja
········
pagar

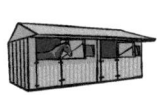

el establo
········
kandang

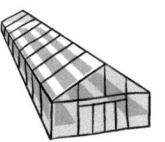

el invernadero
········
rumah kaca

el suelo
········
tanah

la semilla
········
benih

el fertilizador
········
pupuk

la cosechadora
········
mesin pemanen

cosechar

panen

la cosecha

panen

las batatas

yams

el trigo

gandum

la soja

kedelai

la papa

kentang

el maíz

jagung

la semilla de colza

lobak

el árbol frutal

pohon buah

la mandioca

singkong

los cereales

sereal

la casa
rumah

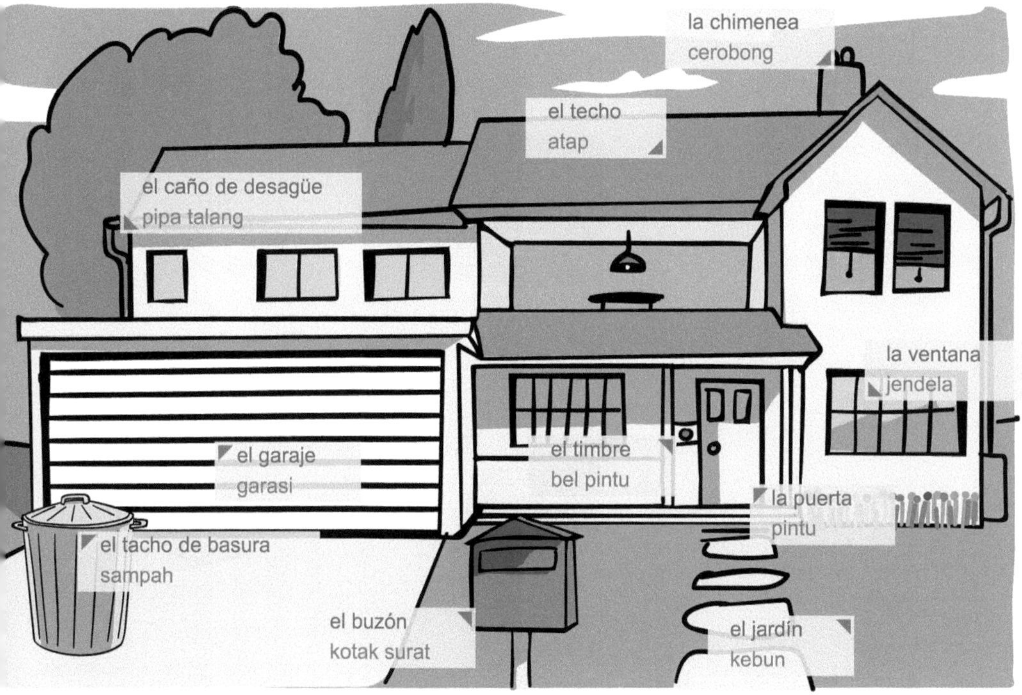

la chimenea
cerobong
el techo
atap
el caño de desagüe
pipa talang
la ventana
jendela
el garaje
garasi
el timbre
bel pintu
la puerta
pintu
el tacho de basura
sampah
el buzón
kotak surat
el jardín
kebun

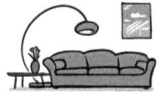

el living
ruang tamu

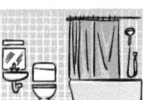

el baño
kamar mandi

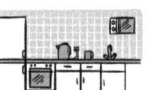

la cocina
dapur

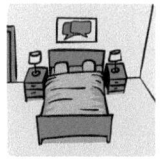

el dormitorio
kamar tidur

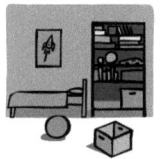

el cuarto de los chicos
kamar anak

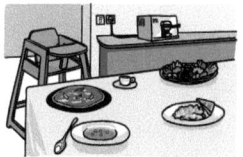

el comedor
kamar makan

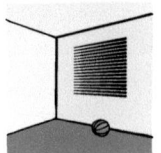

el piso

lantai

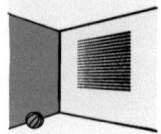

la pared

tembok

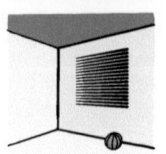

el cielorraso

atap

el sótano

gudang di bawah tanah

el sauna

sauna

el balcón

balkon

la terraza

teras

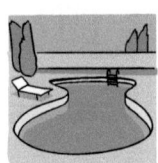

la pileta

kolam renang

la cortadora de pasto

mesin pemotong rumput

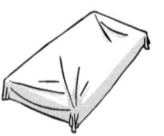

la sábana

sprei

el acolchado

selimut

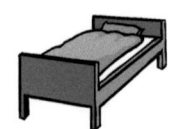

la cama

tempat tidur

la escoba

sapu

el balde

ember

el interruptor

tombol

el living
ruang tamu

el empapelado
kertas dinding
la imagen
gambar
la lámpara
lampu
el estante
rak
el armario
kabinet
la televisión
televisi
la chimenea
perapian
la flor
bunga
el almohadón
bantal
el sofá
sofa
el florero
vas
el control remoto
remote control

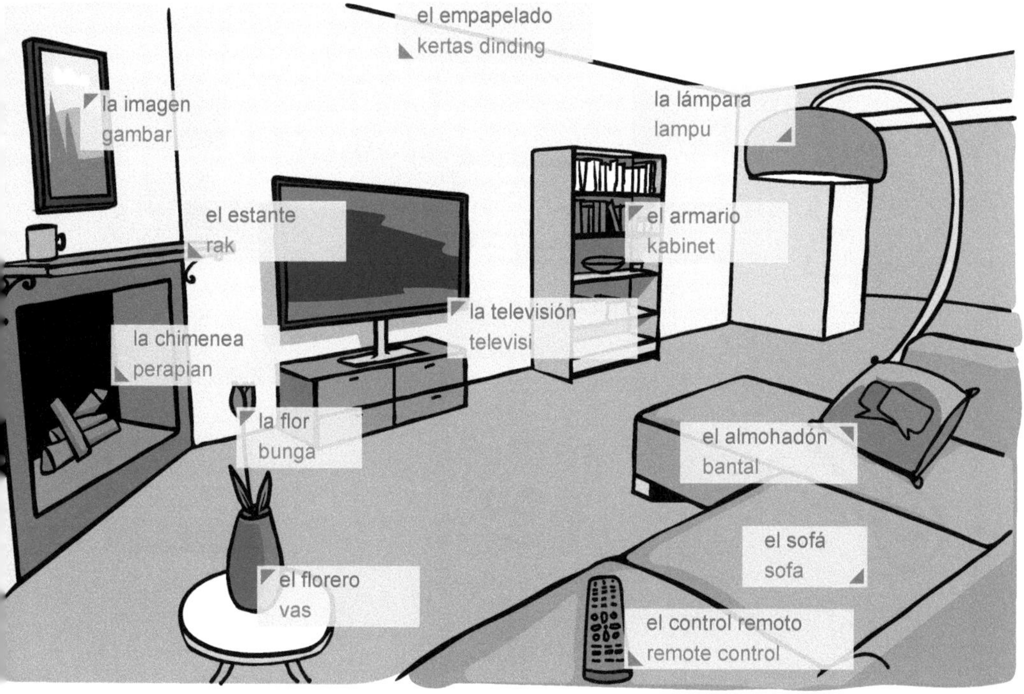

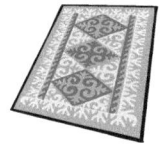

la alfombra

karpet

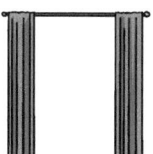

la cortina

korden

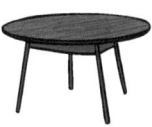

la mesa

meja

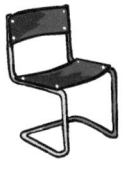

la silla

kursi

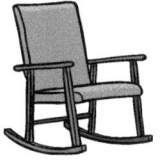

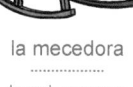

la mecedora

kursi goyang

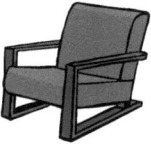

el sillón

kursi malas

el libro

buku

la frazada

selimut

la decoración

dekorasi

la leña

kayu bakar

la película

filem

el equipo de música

hi-fi

la llave

kunci

el diario

koran

la pintura

lukisan

el póster

poster

la radio

radio

el cuaderno

buku tulis

la aspiradora

penyedot debu

el cactus

kaktus

la vela

lilin

la cocina
dapur

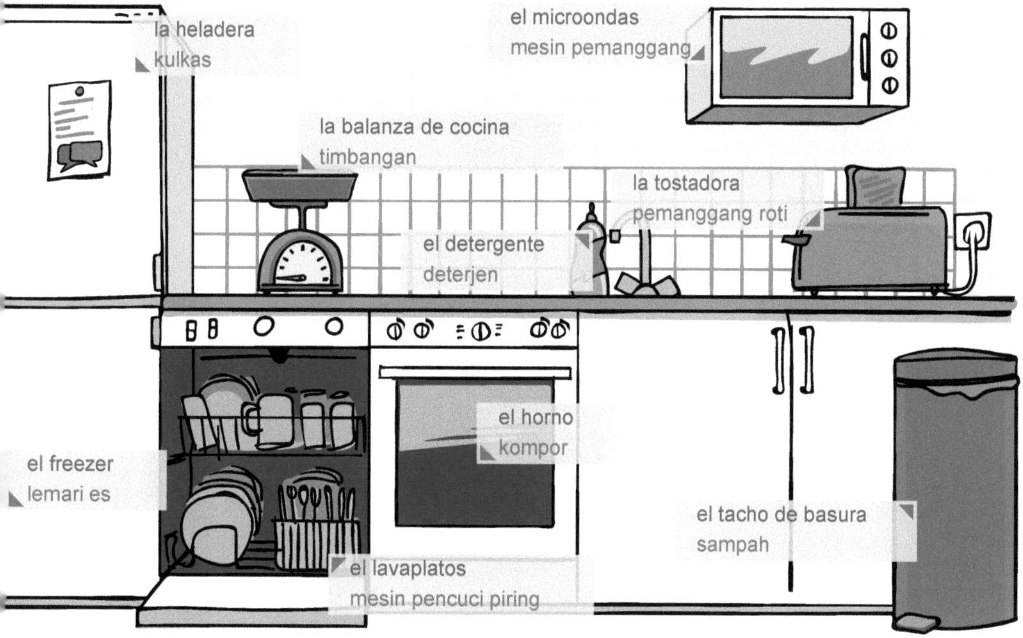

la heladera
kulkas
el microondas
mesin pemanggang
la balanza de cocina
timbangan
la tostadora
pemanggang roti
el detergente
deterjen
el horno
kompor
el freezer
lemari es
el tacho de basura
sampah
el lavaplatos
mesin pencuci piring

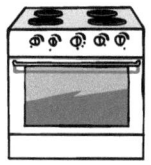

la cocina
kompor

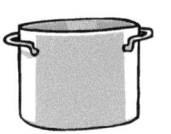

la olla
panci

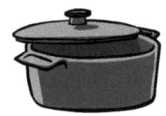

la olla de hierro fundido
panci besi

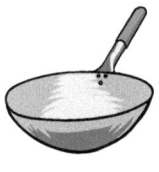

el wok
wajan

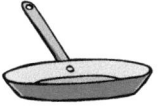

la sartén
panci

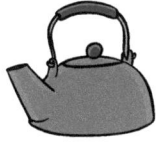

la pava
pemanas air

la vaporera

panci pengukus makanan

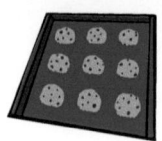

la bandeja de horno

nampan

la vajilla

piring

la taza

cangkir

el bol

mangkok

los palitos

sumpit

el cucharón

sendok sup

la espátula

sudip

la batidora

mengocok

el colador

saringan

el colador

saringan

el rallador

parutan

el mortero

mortir

la parrilla

barbeque

la fogata

api terbuka

la tabla de picar

papan memotong

el palo de amasar

gilingan

el sacacorchos

alat pembuka botol

la lata

kaleng

el abrelatas

pembuka kaleng

la manopla

pegangan panci

la pileta

wastafel

el cepillo

sikat

la esponja

busa

la batidora

mesin pencampur

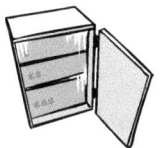

el congelador

lemari es

la mamadera

botol bayi

la canilla

keran

el baño
kamar mandi

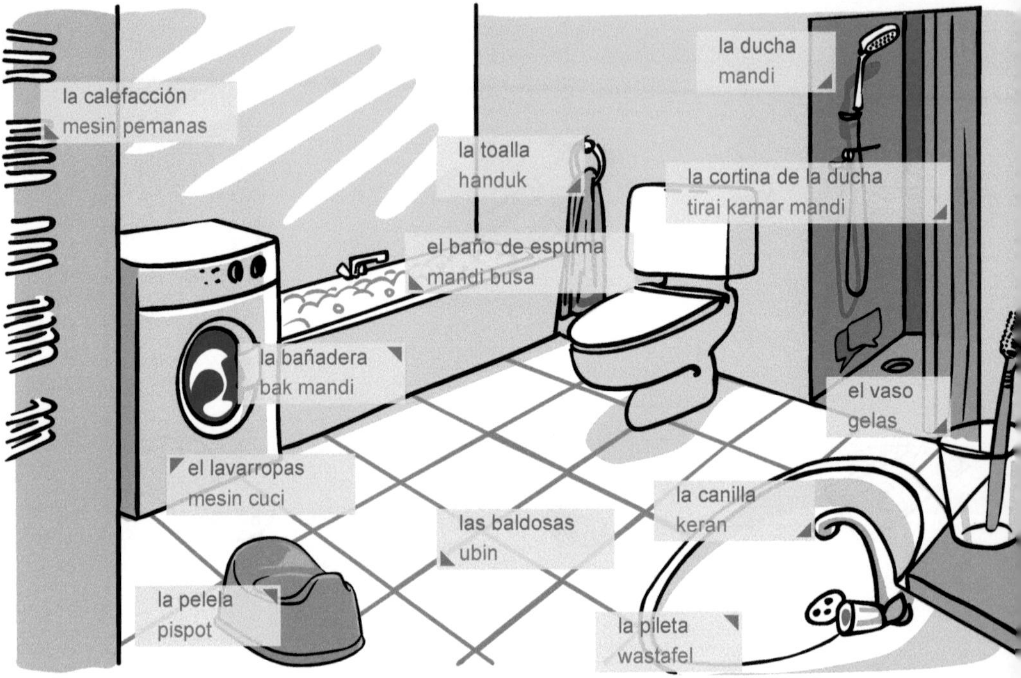
la calefacción
mesin pemanas
la toalla
handuk
la ducha
mandi
la cortina de la ducha
tirai kamar mandi
el baño de espuma
mandi busa
la bañadera
bak mandi
el vaso
gelas
el lavarropas
mesin cuci
la canilla
keran
las baldosas
ubin
la pelela
pispot
la pileta
wastafel

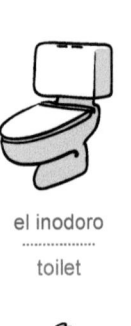

el inodoro
toilet

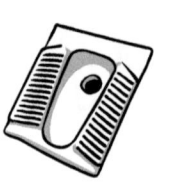

la letrina
toilet jongkok

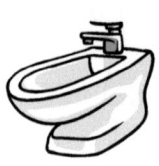

el bidé
bidet

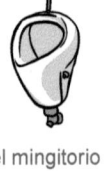

el mingitorio
pissoir

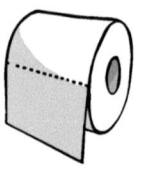

el papel higiénico
kertas toilet

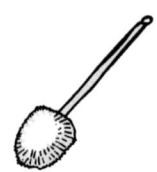

el cepillo para el inodoro
sikat toilet

el cepillo de dientes

sikat gigi

el dentífrico

pasta gigi

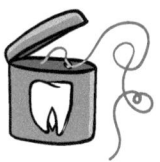

el hilo dental

benang gigi

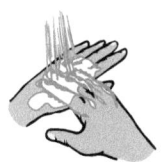

lavar

menyuci

la ducha de mano

pancuran tangan

la ducha higiénica

pancuran

la palangana

bak

el cepillo para la espalda

sikat punggung

el jabón

sabun

el gel de ducha

gel mandi

el shampoo

sampo

la toallita

planel

el desagüe

kuras

la crema

krim

el desodorante

deodoran

el espejo

kaca

el espejito

cermin tangan

la maquinita de afeitar

pisau cukur

la espuma de afeitar

busa cukur

el aftershave

aftershave

el peine

sisir

el cepillo

sikat

el secador de pelo

alat pengering rambut

el spray

semprot rambut

el maquillaje

makeup

el lápiz de labios

lipstik

el esmalte para uñas

cat kuku

el algodón

kapas

la tijera para uñas

gunting kuku

el perfume

minyak wangi

el portacosméticos

kantong pencuci

la banqueta

bangku

la balanza

timbangan

la bata

mantel mandi

los guantes de goma

sarung tangan karet

el tampón

tampon

la toallita femenina

handuk pembalut

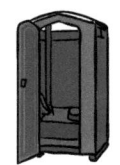

el baño químico

toilet kimia

el cuarto de los chicos
kamar anak

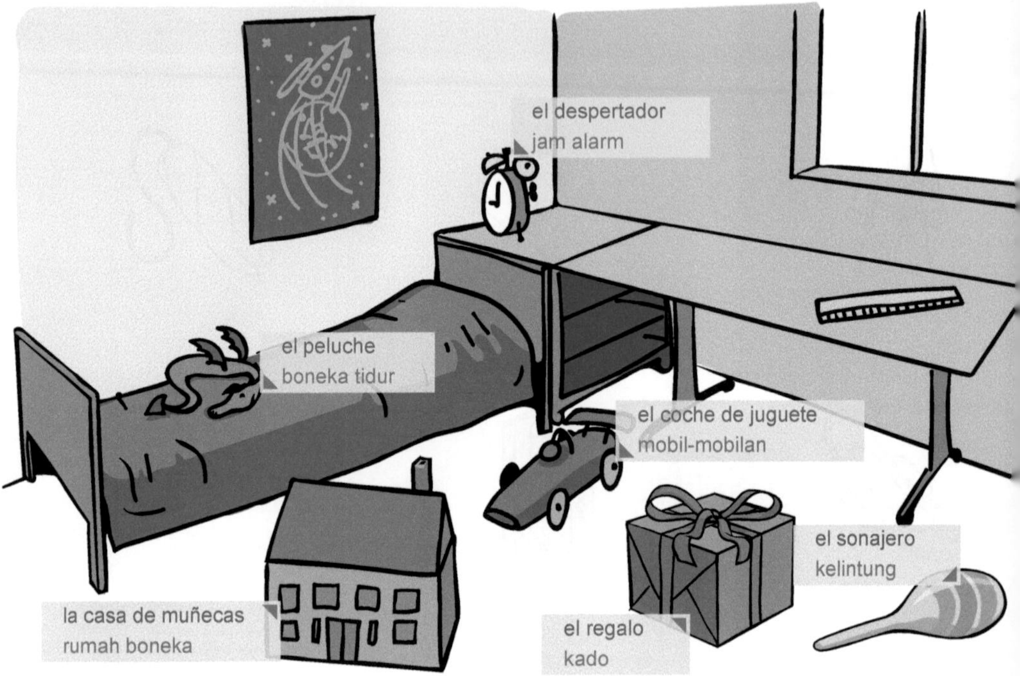
el despertador
jam alarm
el peluche
boneka tidur
el coche de juguete
mobil-mobilan
el sonajero
kelintung
la casa de muñecas
rumah boneka
el regalo
kado

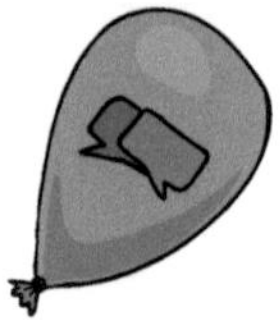

el globo

balon

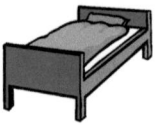

la cama

tempat tidur

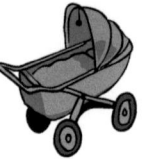

el cochecito

kereta bayi

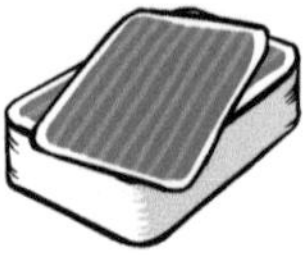

las cartas

mainan kartu

el rompecabezas

teka-teki

SUPER
MEGA

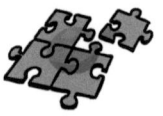

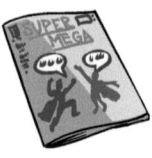

la historieta

komik

las piezas de lego
mainan lego

los ladrillos de juguete
blok mainan

la figura de acción
figur aksi

el enterito (de bebé)
baju monyet

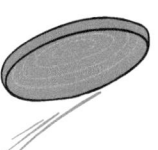

el frisbee
frisbee

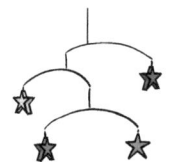

el móvil para bebés
mobile

el juego de mesa
permainan papan

los dados
dadu

el tren eléctrico
set model kreta api

el chupete
dot

la fiesta
pesta

el libro de cuentos ilustrado

buku gambar

la pelota
bola

la muñeca
boneka

jugar
bermain

el arenero

tempat main pasir

la hamaca

ayunan

los juguetes

mainan

la consola de videojuegos

video game konsol

el triciclo

sepeda roda tiga

el osito de peluche

teddy

el armario

lemari pakaian

la ropa

pakaian

las medias

kaos kaki

las medias panty

kaos kaki

las calzas

baju ketat

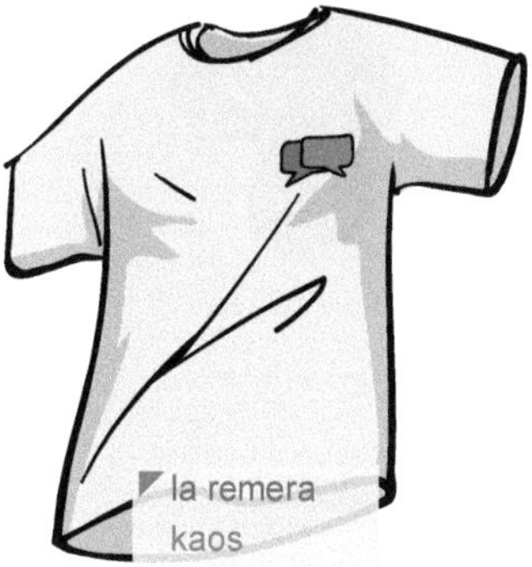

la bufanda
syal

el cinturón
sabuk

el paraguas
payung

la remera
kaos

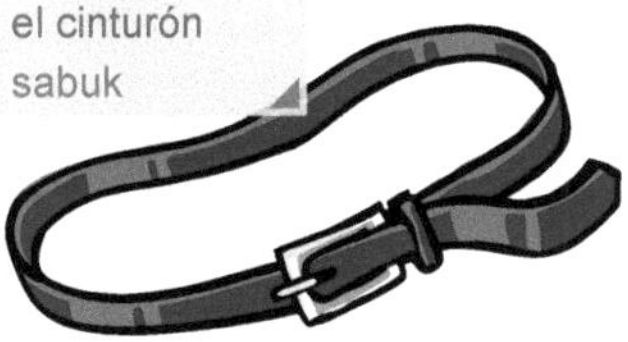

las zapatillas
sepatu

las botas
sepatu bot

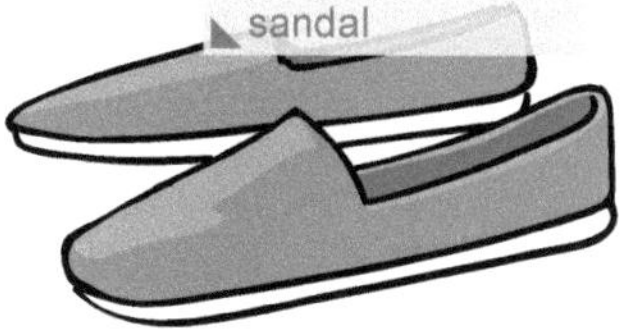

las pantuflas
sandal

las sandalias
·············
sandal

los zapatos
·············
sepatu

las botas de goma
·············
sepatu bot karet

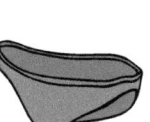

la ropa interior
·············
celana dalam

el corpiño
·············
BH

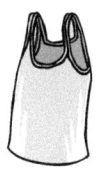

el chaleco
·············
baju rompi

el body

body

los pantalones

celana

los jeans

jeans

la pollera

rok

la blusa

blus

la camisa

kemeja

el pulóver

aket berkerudung

el buzo

sweater

el blazer

jaket

la campera

jaket

el tapado

mantel

el piloto

jas hujan

el traje

kostum

el vestido

gaun

el vestido de novia

gaun pengantin

el traje

setelan resmi

el camisón

gaun tidur

el pijama

piyama

el sari

sari

el pañuelo para la cabeza

jilbab

el turbante

turban

la burka

burka

el caftán

kaftan

la abaya

abaya

el traje de baño

pakaian renang

el short de baño

celana renang

los shorts

celana pendek

el jogging

olah raga

el delantal

celemek

los guantes

sarung tangan

el botón

kancing

los anteojos

kacamata

la pulsera

gelang

el collar

kalung

el anillo

cincin

el aro

anting

la gorra

topi

la percha

gantungan mantel

el sombrero

topi

la corbata

dasi

el cierre

ritsleting

el casco

helm

los tiradores

tali selempang

el uniforme escolar

seragam sekolah

el uniforme

seragam

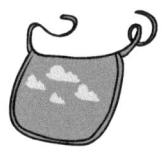

el babero
oto

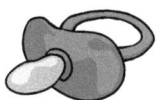

el chupete
dot

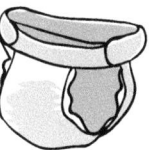

el pañal
popok

la oficina
kantor

el servidor
server
el archivero
lemari arsip
la impresora
pencetak
el papel
kertas
el monitor
layar
el mouse
mouse komputer
el escritorio
meja kerja
la carpeta
tempat pengarsipan
el teclado
papan tombol
el tacho (de basura)
tempat sampah
la computadora
computer
la silla
kursi

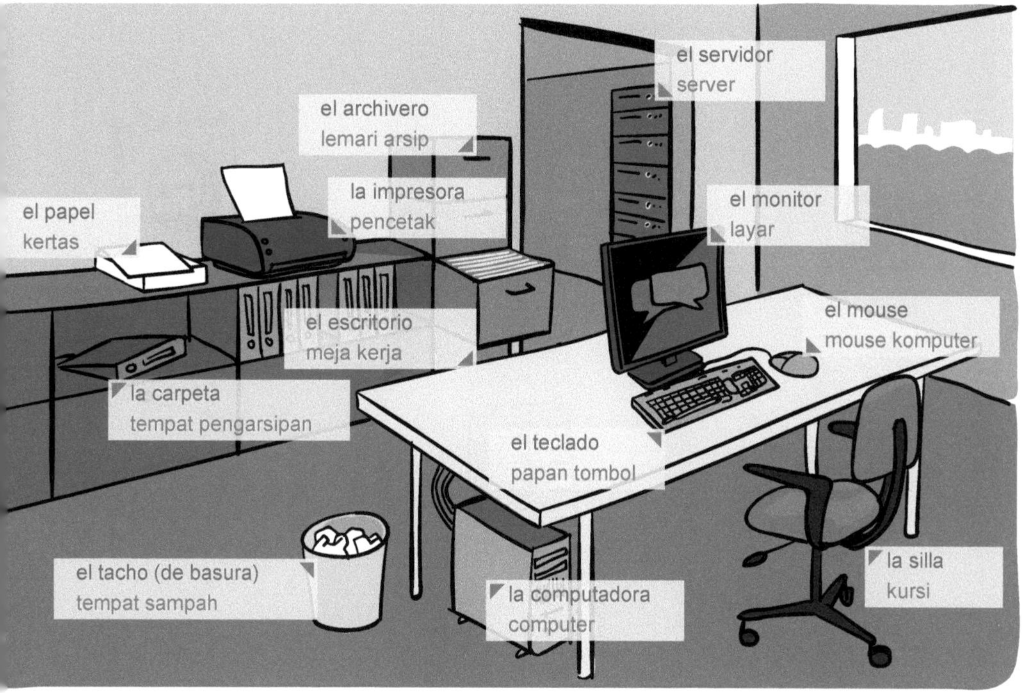

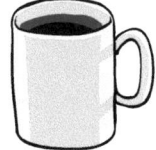

la taza de café
cangkir kopi

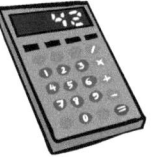

la calculadora
kalkulator

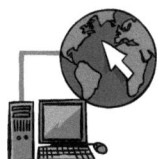

el internet
internet

la laptop

laptop

la carta

surat

el mensaje

pesan

el celular

telepon seluler

la red

jaringan

la fotocopiadora

fotokopi

el software

software

el teléfono

telepon

el tomacorriente

plug soket

el fax

mesin fax

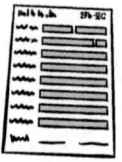

el formulario

formulir

el documento

dokumen

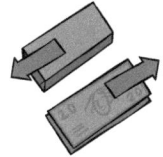

comprar
membeli

pagar
membayar

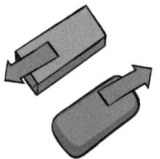

hacer negocios
berdagang

el dinero
uang

el dólar
Dollar

el euro
Euro

el yen
Yen

el rublo
Rubel

el franco suizo
Franc Swiss

el yuan
Renminbi Yuan

la rupia
Rupiah

el cajero automático
ATM

la casa de cambio

kantor pertukaran mata uang

el oro

emas

la plata

perak

el petróleo

minyak

la energía

energi

el precio

harga

el contrato

kontrak

el impuesto

pajak

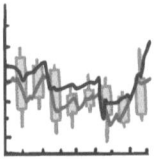

la acción

saham

trabajar

bekerja

el empleado

karyawan

el empleador

majikan

la fábrica

pabrik

el negocio

toko

las ocupaciones
pekerjaan

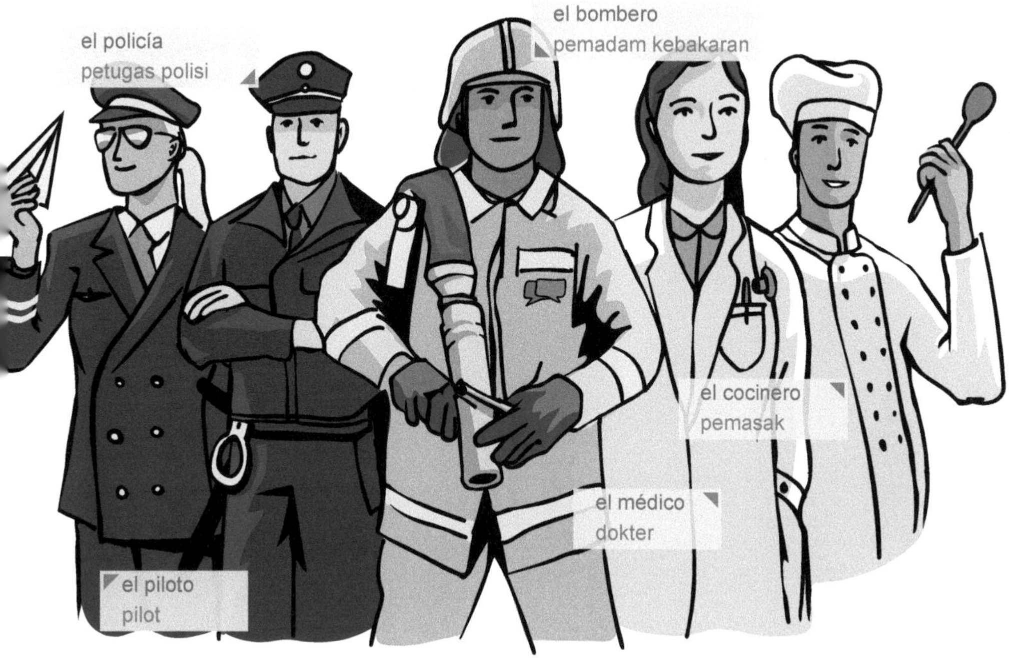
el bombero
pemadam kebakaran
el policía
petugas polisi
el cocinero
pemasak
el médico
dokter
el piloto
pilot

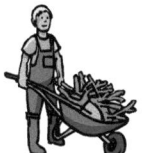

el jardinero

tukan kebun

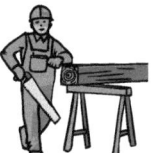

el carpintero

tukang kayu

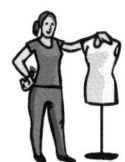

la modista

penjahit wanita

el juez

hakim

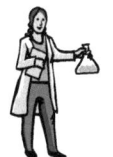

el farmacéutico

ahli kimia

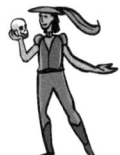

el actor

aktor

el colectivero

sopir bis

el taxista

sopir taksi

el pescador

nelayan

la mucama

pembantu

el techista

tukang atap

el mozo

pelayan

el cazador

pemburu

el pintor

pelukis

el panadero

tukang roti

el electricista

tukang listrik

el albañil

pembangun

el ingeniero

insinyur

el carnicero

tukang daging

el plomero

tukang ledeng

el cartero

tukang pos

el soldado

tentara

el arquitecto

arsitek

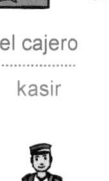

el cajero

kasir

el florista

penjual bunga

el peluquero

penata rambut

el cobrador

konduktor

el mecánico

montir

el capitán

kapten

el dentista

dokter gigi

el científico

ilmuwan

el rabino

rabbi

el imán

imam

el monje

biarawan

el sacerdote

pendeta

las herramientas

alat

el martillo
palu
la tenaza
tang
el destornillador
obeng
la llave
kunci
la linterna
obor

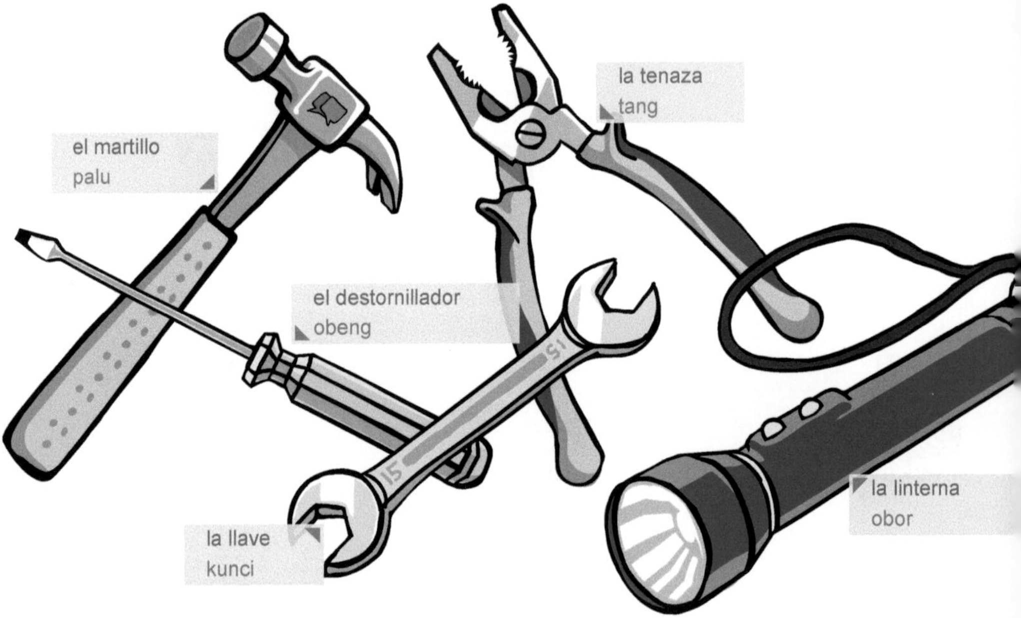

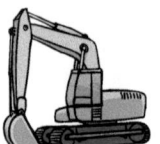

la excavadora

penggali

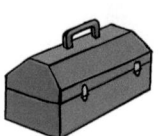

la caja de herramientas

tas perkakas

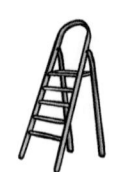

la escalera portátil

tangga

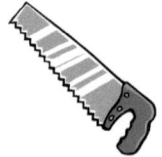

la sierra

gergaji

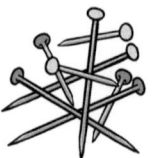

los clavos

paku

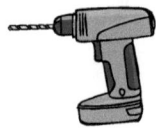

el taladro

bor

arreglar

perbaikan

la pala de jardín

sekop

¡Qué bronca!

Sialan!

la pala de plástico

cikrak

el tacho de pintura

pot cat

los tornillos

sekrup

los instrumentos musicales
alat musik

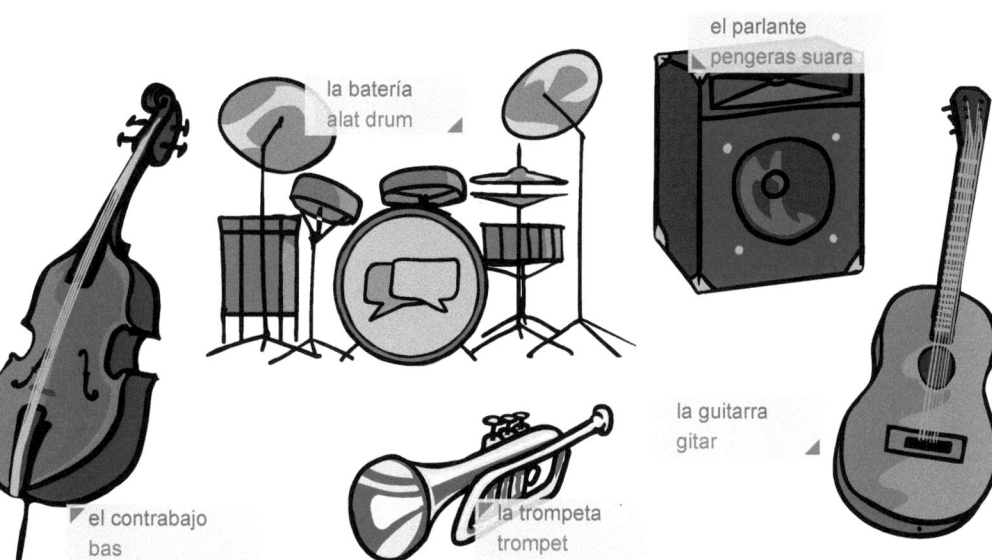

el parlante
pengeras suara

la batería
alat drum

el contrabajo
bas

la trompeta
trompet

la guitarra
gitar

el piano

piano

el violín

violin

el bajo

bass

los timbales

tambur

el tambor

drum

el teclado

keyboard

el saxofón

saksofon

la flauta

suling

el micrófono

mikrofon

el zoológico
kebun binatang

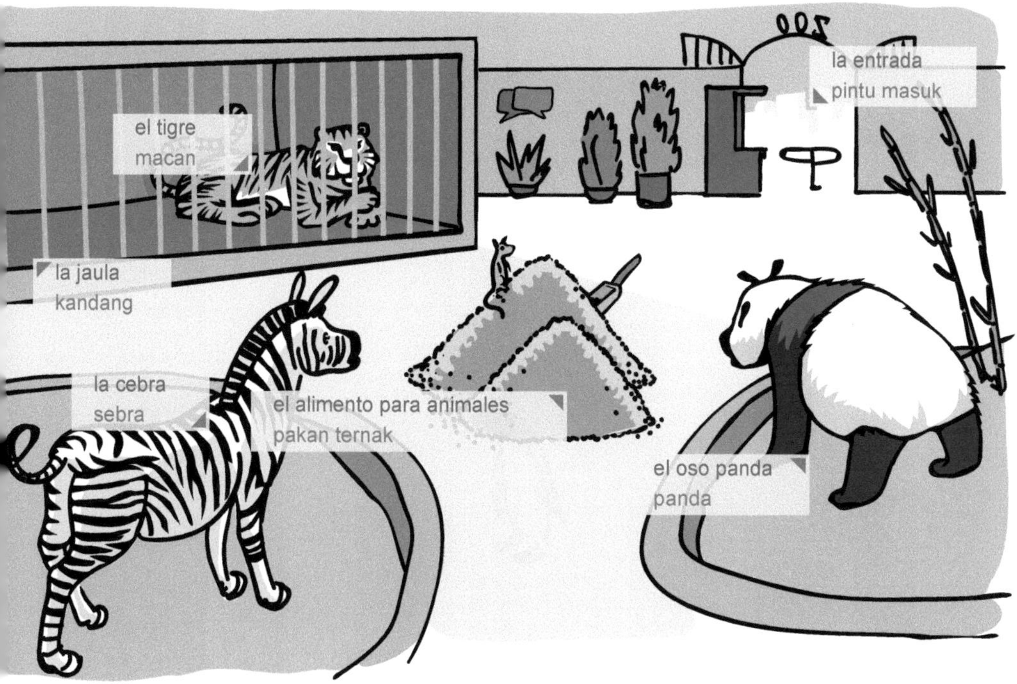

el tigre
macan
la entrada
pintu masuk
la jaula
kandang
la cebra
sebra
el alimento para animales
pakan ternak
el oso panda
panda

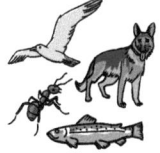

los animales

hewan

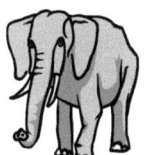

el elefante

gajah

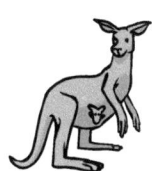

el canguro

kanguru

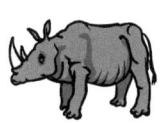

el rinoceronte

badak

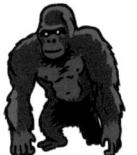

el gorila

gorila

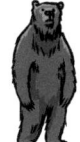

el oso

beruang

el camello

unta

el avestruz

burung unta

el león

singa

el mono

monyet

el flamenco

flamingo

el loro

burung beo

el oso polar

beruang polar

el pingüino

penguin

el tiburón

hiu

el pavo real

merak

la serpiente

ular

el cocodrilo

buaya

el cuidador del zoológico

penjaga kebun binatang

la foca

segel

el jaguar

jaguar

el poni

kuda poni

el leopardo

macan tutul

el hipopótamo

kuda nil

la jirafa

jerapah

el águila

burung elang

el jabalí

babi jantan

el pescado

ikan

la tortuga

kura-kura

la morsa

anjing laut

el zorro

rubah

la gacela

kijang

olahraga

el fútbol americano
american football

el ciclismo
naik sepeda

el tenis
tennis

el básquet
basketbal

la natación
bernang

el boxeo
tinju

el hockey sobre hielo
hoki es

el fútbol

sepak bola

el bádminton

badminton

el atletismo

atletik

el handball

bola tangan

el esquí

main ski

el polo

polo

las actividades
aktivitas

saltar
meloncat
reír
ketawa
abrazar
memeluk
caminar
berjalan
cantar
menyanyi
soñar
mengimpi
rezar
berdoa
besar
mencium

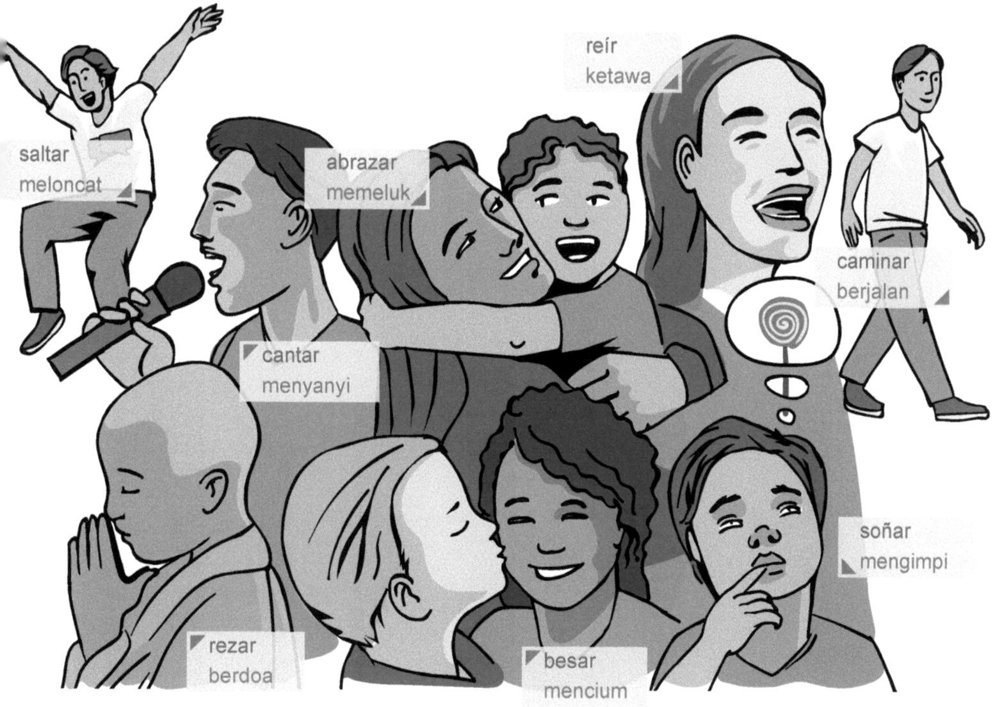

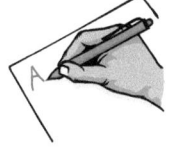

escribir

menulis

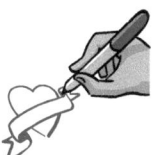

dibujar

melukis

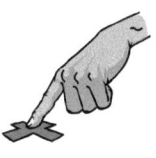

mostrar

menunjuk

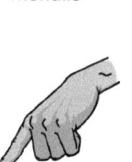

presionar

mendorong

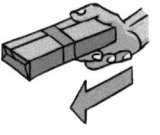

dar

memberikan

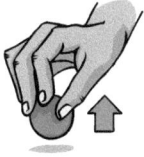

tomar

mengambil

tener
mempunyai

hacer
melakukan

ser
adalah

estar parado
berdiri

correr
berlari

tirar
menarik

tirar
melempar

caer
jatuh

estar acostado
tidur

esperar
menunggu

llevar
membawa

estar sentado
duduk

vestirse
berpakaian

dormir
tidur

despertar
bangun

mirar

melihat

llorar

menangis

acariciar

mengelus

peinar

menyisir

hablar

berbicara

entender

mengerti

preguntar

menanyak

escuchar

mendengar

beber

minum

comer

makan

ordenar

merapikan

amar

cinta

cocinar

memasak

manejar

menyetir

volar

terbang

navegar

berlayar

calcular

menghitung

leer

membaca

aprender

belajar

trabajar

bekerja

casarse

menikah

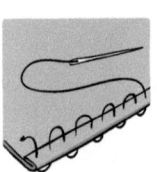

coser

menjahit

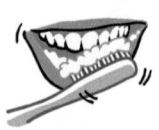

cepillarse los dientes

sikat gigi

matar

membunuh

fumar

merokok

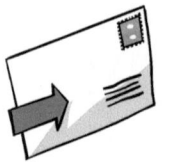

enviar

kirim

la familia
keluarga

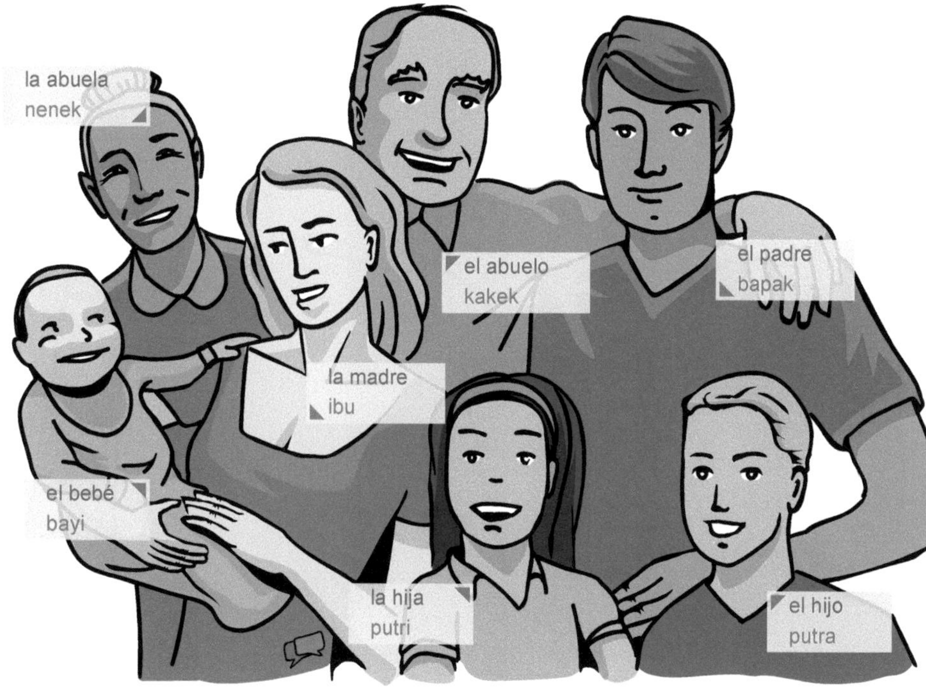

la abuela
nenek
el abuelo
kakek
el padre
bapak
la madre
ibu
el bebé
bayi
la hija
putri
el hijo
putra

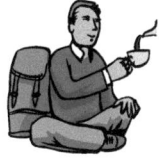

el invitado

tamu

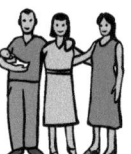

la tía

bibi

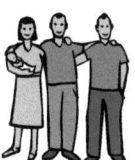

el tío

paman

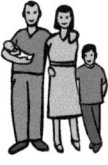

el hermano

kakak laki

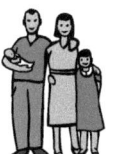

la hermana

kakak perempuan

el cuerpo
badan

la frente
dahi
el ojo
mata
el hombro
bahu
el dedo
jari
la cara
muka
la pera
dagu
la mano
tangan
la pierna
kaki
el pecho
payudara
el brazo
lengan

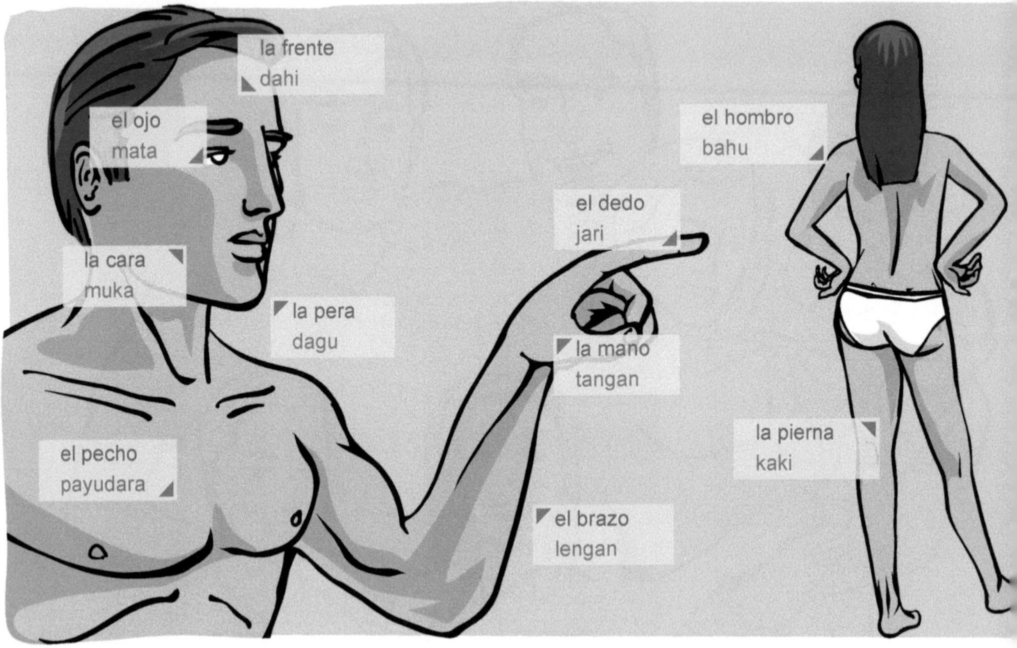

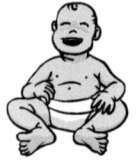

el bebé

bayi

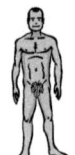

el hombre

pria

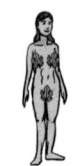

la mujer

wanita

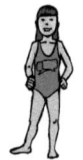

la nena

perempuan

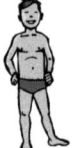

el nene

laki

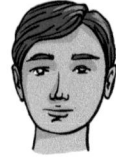

la cabeza

kepala

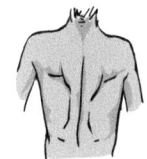

la espalda

punggung

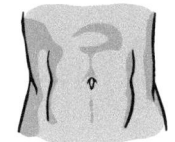

la panza

perut

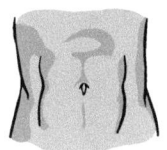

el ombligo

pusar

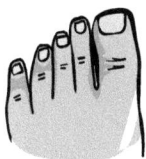

el dedo del pie

toe

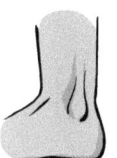

el talón

tumit

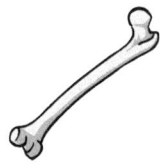

el hueso

tulang

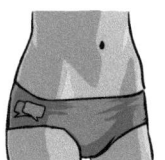

la cadera

pinggang

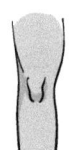

la rodilla

lutut

el codo

siku

la nariz

hidung

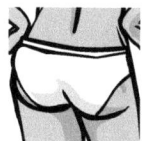

la cola

pantat

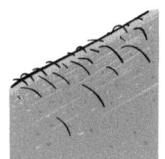

la piel

kulit

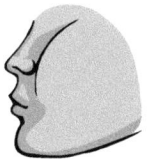

el cachete

pipi

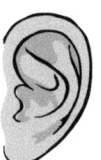

la oreja

telinga

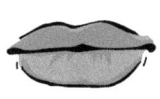

el labio

bibir

el cuerpo - badan

la boca

mulut

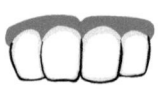

el diente

gigi

la lengua

lidah

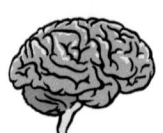

el cerebro

otak

el corazón

jantung

el músculo

otot

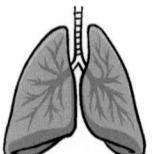

el pulmón

paru-paru

el hígado

hati

el estómago

stomach

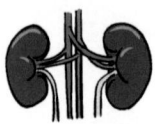

los riñones

ginjal

el sexo

hubungan seks

el preservativo

kondom

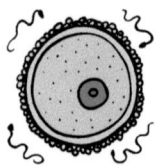

el óvulo

sel telur

el semen

sperma

el embarazo

kehamilan

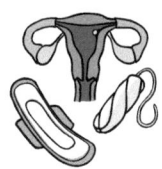

la menstruación

menstruasi

la vagina

vagina

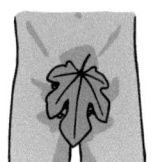

el pene

penis

la ceja

alis

el pelo

rambut

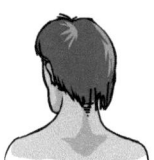

el cuello

leher

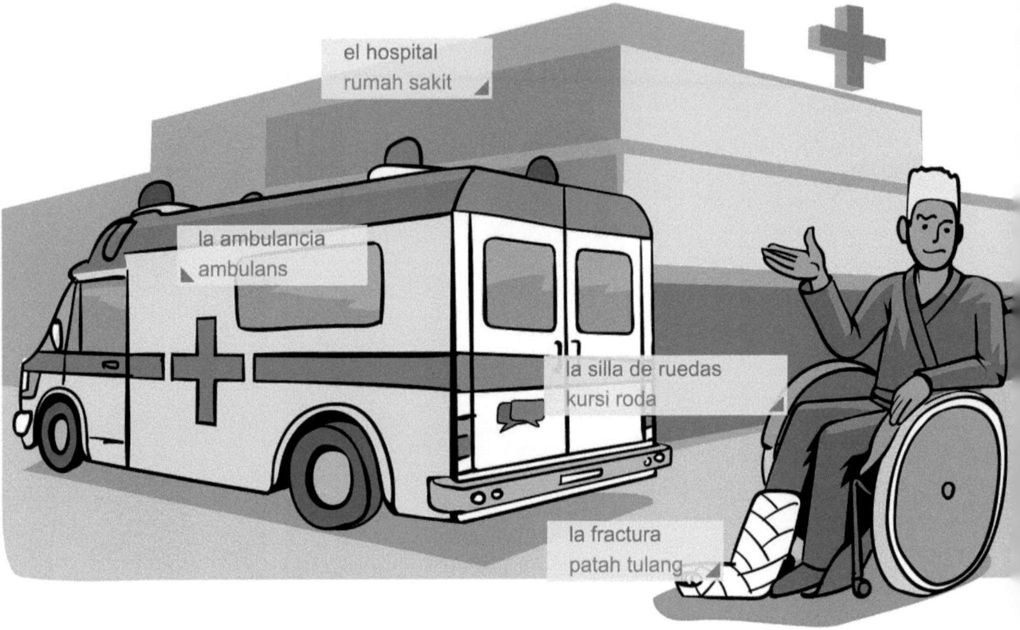

el hospital
rumah sakit

la ambulancia
ambulans

la silla de ruedas
kursi roda

la fractura
patah tulang

el médico

dokter

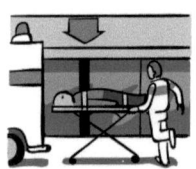

la sala de guardia

ruang darurat

la enfermera

perawat

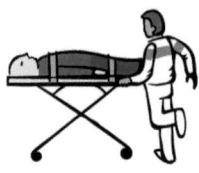

la emergencia

darurat

inconsciente

semaput

el dolor

sakit

la lesión
cedera

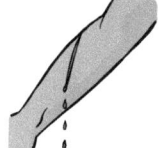

la hemorragia
perdarahan

el infarto
serangan jantung

el ACV
stroke

la alergia
alergi

la tos
batuk

la fiebre
demam

la gripe
flu

la diarrea
diare

el dolor de cabeza
sakit kepala

el cáncer
kanker

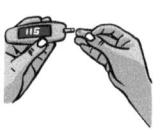

la diabetes
diabetes

el cirujano
ahli bedah

el bisturí
pisau bedah

la operación
operasi

la TC

CT

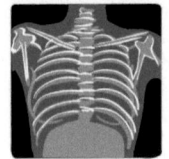

los rayos x

sinar x

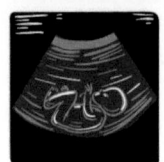

la ecografía

usg

el barbijo

topeng

la enfermedad

penyakit

la sala de espera

ruang tunggu

la muleta

penyokong

la curita

plester

la venda

perban

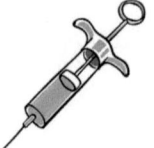

la inyección

injeksi

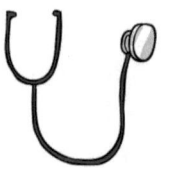

el estetoscopio

stetoskop

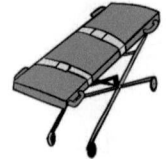

la camilla

usungan

el termómetro

termometer klinis

el nacimiento

kelahiran

el sobrepeso

kelebihan berat badan

el audífono

alat pendengar

el desinfectante

desinfektan

la infección

infeksi

el virus

virus

el VIH / SIDA

HIV / AIDS

el remedio

obat

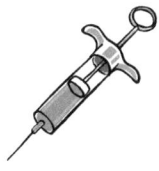

la vacunación

vaksinasi

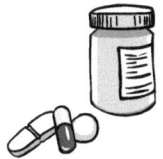

los comprimidos

tablet

la pastilla anticonceptiva

pil

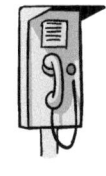

llamada de emergencia

panggilan darurat

el tensiómetro

ukur tekanan darah

enfermo / sano

sakit / sehat

¡Ayuda!

Tolong!

la alarma

alarm

la agresión

penyerbuan

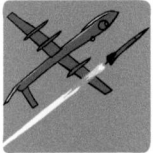

el ataque

serangan

el peligro

bahaya

la salida de emergencia

pintu darurat

¡Fuego!

Api!

el matafuego

alat pemadam kebakaran

el accidente

kecelakaan

el botiquín de primeros
auxilios

kit pertolongan pertama

el SOS

SOS

la policía

polisi

Europa

Eropa

América del Norte

Amerika Utara

América del Sur

Amerika Selatan

África

Afrika

Asia

Asia

Australia

Australi

el Atlántico

Atlantik

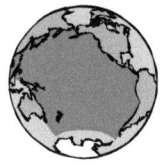

el Pacífico

Pasifik

el Océano Índico

Samudra India

el Océano Antártico

Samudra Antartika

el Océano Ártico

Samudra Arktik

el polo norte

kutub utara

el polo sur

kutub selatan

la Antártida

Antarktika

la Tierra

bumi

la tierra

tanah

el mar

laut

la isla

pulau

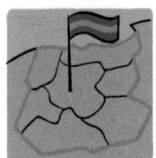

la nación

bangsa

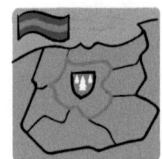

el estado

negara

la esfera

jam wajah

la manecilla de las horas

jarum pendek

el minutero

jarum menit

el segundero

jarum detik

¿Qué hora es?

Jam berapa?

el día

hari

la hora

waktu

ahora

sekarang

el reloj digital

jam digital

el minuto

menit

la hora

jam

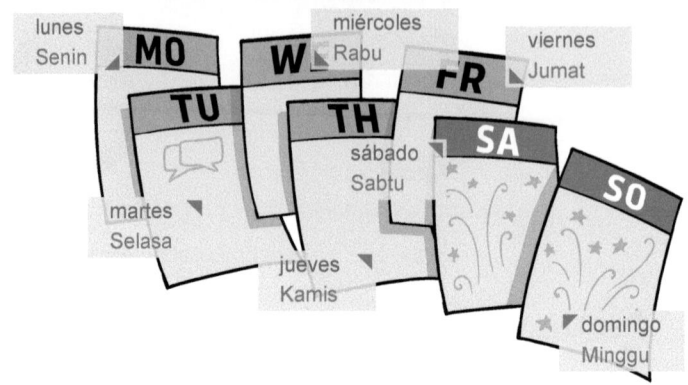

lunes
Senin

miércoles
Rabu

viernes
Jumat

martes
Selasa

sábado
Sabtu

jueves
Kamis

domingo
Minggu

ayer

kemaren

hoy

hari ini

mañana

besok

la mañana

pagi

el mediodía

siang

la tarde

malam

los días hábiles

hari kerja

el fin de semana

akhir minggu

el año

tahun

la lluvia
hujan
el arco iris
pelangi
la nieve
salju
el viento
angin
la primavera
musim semi
el otoño
musim gugur
el verano
musim panas
el invierno
musim dingin

4.APRIL 11°
5.APRIL 4°
6.APRIL 13°
7.APRIL 8°
8.APRIL 10°

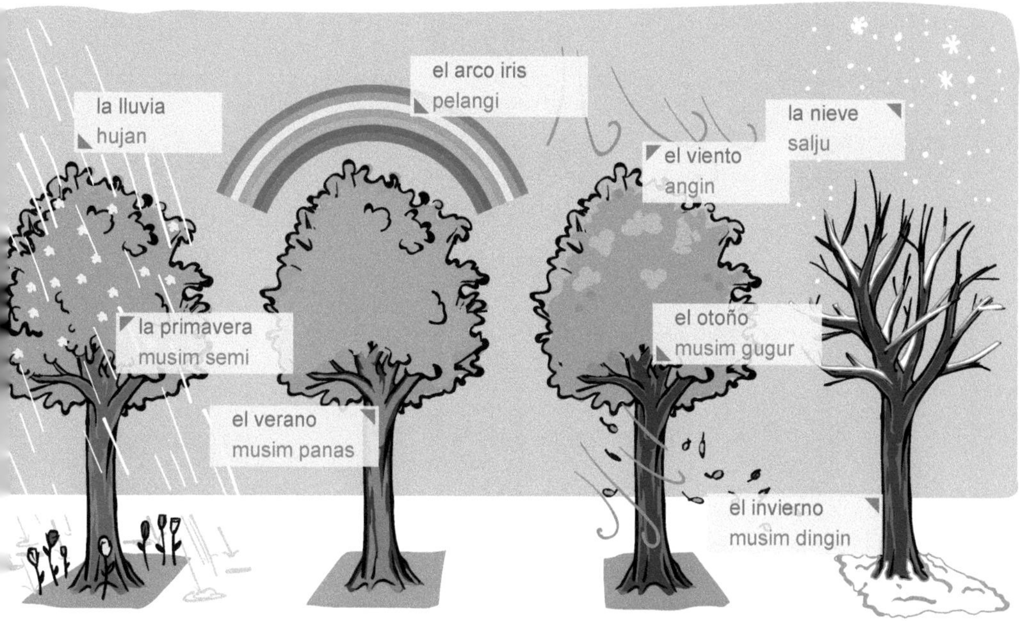

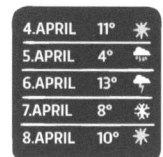

pronóstico meteorológico

ramalan cuaca

F C
120 40
90 30
60 20
30 10
0 0
-30 -10
-20

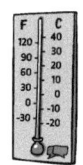

el termómetro

termometer

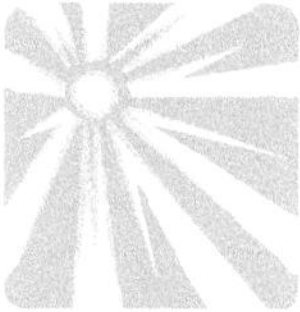

la luz del sol

matahari

la nube

awan

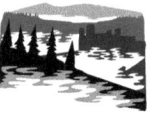

la niebla

kabut

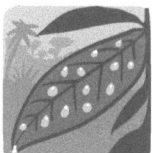

la humedad

kelembahan

el rayo
kilat

el trueno
guntur

la tormenta
badai

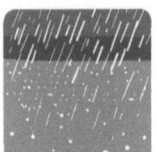

el granizo
hujan es

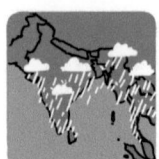

el monzón
monsun

la inundación
banjir

el hielo
es

enero
Januari

febrero
Februari

marzo
Maret

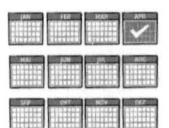

abril
April

mayo
Mei

junio
Juni

julio
Juli

agosto
Agustus

septiembre
September

octubre
Oktober

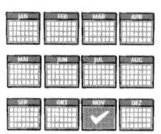

noviembre
November

diciembre
Desember

las formas
bentuk

el círculo
lingkaran

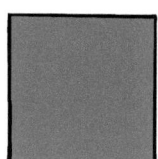

el cuadrado
persegi

el rectángulo
persegi panjang

el triángulo
segi tiga

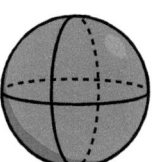

la esfera
bola

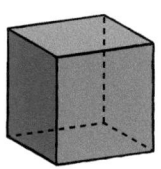

el cubo
kubus

colores

warna-warna

blanco

putih

amarillo

kuning

naranja

oranye

rosa

pink

rojo

merah

violeta

ungu

azul

biru

verde

hijau

marrón

coklat

gris

abu-abu

negro

hitam

mucho / poco

banyak / sedikit

enojado / tranquilo

marah / tenang

lindo / feo

cantik / jelek

el principio / el fin

mulaih / selesai

grande / chico

besar / kecil

claro / oscuro

terang / gelap

el hermano / la hermana

saudara laki-laki / saudara perempuan

limpio / sucio

bersih / kotor

completo / incompleto

lengkap / tidak lengkap

el día / la noche

hari / malam

muerto / vivo

mati / hidup

ancho / angosto

luas / sempit

comestible / no comestible

dapat dimakan / tidak dapat dimakan

malo / amable

jahat / baik

entusiasmado / aburrido

bersemangat / bosan

gordo / flaco

gemuk / kurus

primero / último

pertama / terakhir

el amigo / el enemigo

teman / musuh

lleno / vacío

penuh / kosong

duro / blando

keras / lembut

pesado / liviano

berat / enteng

el hambre / la sed

lapar / haus

enfermo / sano

sakit / sehat

ilegal / legal

ilegal / legal

inteligente / estúpido

cerdas / bodoh

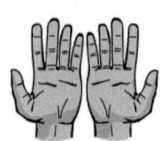

izquierda / derecha

kiri / kanan

cerca / lejos

dekat / jauh

nuevo / usado

baru / bekas

nada / algo

tidak ada apapun / sesuatu

viejo / joven

tua / muda

encendido / apagado

nyala / mati

abierto / cerrado

buka / tutup

silencioso / ruidoso

tenang / keras

rico / pobre

kaya / miskin

correcto / incorrecto

benar / salah

áspero / suave

kasar / halus

triste / contento

sedih / gembira

corto / largo

pendek / panjang

lento / rápido

pelan-pelan / cepat

mojado / seco

basah / kering

caliente / frío

hangat / sejuk

guerra / paz

perang / damai

0

cero

nol

1

uno

satu

2

dos

dua

3

tres

tiga

4

cuatro

empat

5

cinco

lima

6

seis

enam

7

siete

tujuh

8

ocho

delapan

9

nueve

sembilan

10

diez

sepuluh

11

once

sebelas

12

doce

duabelas

13

trece

tigabelas

14

catorce

empatbelas

15

quince

limabelas

16

dieciséis

enambelas

17

diecisiete

tujuhbelas

18

dieciocho

delapanbelas

19

diecinueve

sembilanbelas

20

veinte

duapuluh

100

cien

seratus

1.000

mil

seribu

1.000.000

el millón

juta

el inglés

Inggris

el inglés americano

bahasa Inggris Amerika

el chino mandarín

bahasa Cina Mandarin

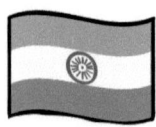

el hindi

bahasa Hindi

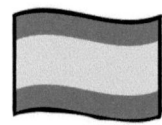

el español

bahasa Spanyol

el francés

bahasa Perancis

el árabe

bahasa Arab

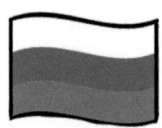

el ruso

bahasa Rusia

el portugués

bahasa Portugis

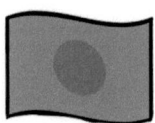

el bengalí

bahasa Bengal

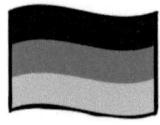

el alemán

bahasa Jerman

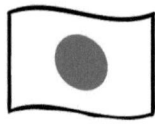

el japonés

bahasa Jepang

yo

saya

vos

kamu

él / ella

dia

nosotros

kita

ustedes

kalian

ellos

mereka

¿quién?

siapa?

¿qué?

apa?

¿cómo?

begaimana?

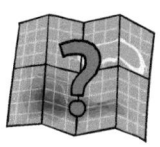

¿dónde?

dimana?

¿cuándo?

kapan?

el nombre

nama

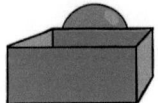

detrás

dibelakang

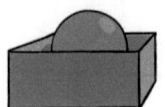

en

di

adelante de

didepan

por encima de

diatas

sobre

diatas

debajo de

dibawah

al lado de

sebelah

entre

di antara

el lugar

tempat